EINFACH SITZEN

THICH NHAT HANH

Aus dem Englischen von
Ursula Richard

19 Illustrationen

O.W. BARTH

Die amerikanische Originalausgabe erschien 2014 unter dem Titel »How to sit« bei Parallax Press, Berkeley, California.

Besuchen Sie uns im Internet:
www.ow-barth.de

Deutsche Erstausgabe Februar 2016

Ein Imprint der Verlagsgruppe Droemer Knaur GmbH & Co. KG
Maria-Luiko-Straße 54, 80636 München

Covergestaltung: ZERO Werbeagentur München nach einem Entwurf von Debbie Berne
Coverabbildung und Illustrationen innen: Jason DeAntonis
Satz: Adobe InDesign im Verlag
Druck und Bindung: CPI books GmbH, Leck
ISBN 978-3-426-29248-8

Kontaktadresse nach EU-Produktsicherheitsverordnung:
produktsicherheit@droemer-knaur.de

4 6 7 5 3

INHALT

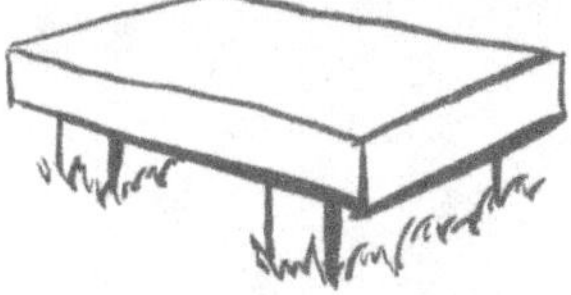

Halten Sie als Erstes inne
in dem, was Sie gerade tun.

Setzen Sie sich bequem
irgendwo hin.

Ganz egal, wo.

Nehmen Sie Ihren Atem wahr.

Seien Sie sich beim Einatmen
bewusst, dass Sie einatmen.

Nehmen Sie beim Ausatmen
wahr, dass Sie ausatmen.

ÜBER DAS SITZEN

Viele von uns verbringen sehr viel Zeit im Sitzen – zu viel Zeit. Wir sitzen bei der Arbeit, sitzen an unserem Computer, und wir sitzen in unserem Auto. Wenn in diesem Buch von *Sitzen* die Rede ist, bedeutet dies ein Sitzen, das Sie genießen, ein entspanntes Sitzen mit wachem, ruhigem und klarem Geist. Das nennen wir *Sitzen*, und dieses Sitzen bedarf einiger Übung.

KÖRPER, GEIST UND ATEM

In unserem Alltag ist unsere Aufmerksamkeit oft zerstreut. Mit unserem Körper sind wir an einem Ort, unseren Atem ignorieren wir, und unser Geist wandert umher. Sobald wir unserem Atem Aufmerksamkeit schenken, während wir ein- und ausatmen, kommen Körper, Atem und Geist wieder zusammen. Das ist schon in einer oder zwei Sekunden möglich. Sie kehren zu sich selbst zurück. Ihr Gewahrsein vereint diese drei Elemente, und Sie sind vollständig anwesend im Hier und Jetzt. Sie kümmern sich um Ihren Körper, um Ihren Atem und um Ihren Geist.

Beim Kochen einer Suppe müssen Sie alle Zutaten harmonisch hinzufügen und sie köcheln lassen. Unser Atem ist die Brühe, die die verschiedenen Elemente vereint. Wir baden Körper und Geist in unserem Atem, so werden sie eingebunden und damit eins. Wir sind ganz.

Wir müssen unseren Körper, Geist und Atem nicht kontrollieren. Wir können einfach für sie da sein. Wir gestatten ihnen, sie selbst zu sein. Das ist Gewaltlosigkeit.

FRIEDEN IST ANSTECKEND

Die Energie der Achtsamkeit kann Ihr ganzes Leben positiv beeinflussen. Achten Sie einmal nur auf Ihr Einatmen. Erlauben Sie dem Atem, ganz natürlich zu fließen, werden Sie merken, dass Ihre Atmung ohne Ihr Zutun ruhiger, tiefer und harmonischer wird. Das ist die Macht des Einfach-nur-Wahrnehmens. Ist Ihr Atem tiefer und friedvoller geworden, wird sich das sofort auf Ihren Körper und Geist auswirken. Frieden und Ruhe sind ansteckend.

EIN BOOT AUF DEM MEER

Stellen Sie sich ein Boot voll mit Menschen vor, das den Ozean überquert. Das Boot gerät in einen Sturm. Wenn Menschen mit Panik reagieren und unüberlegt handeln, können sie das Boot in Gefahr bringen. Doch wenn nur eine Person Ruhe bewahrt, kann sie auch andere zu ruhigem Handeln animieren. Solch eine Person vermag das ganze Boot zu retten. Das ist die Macht des Nicht-Handelns. Alles angemessene Handeln hat als Grundlage unsere Art und Weise zu sein. Wenn wir unsere Handlungen und die anderer genau betrachten, werden wir sehen, wie unser Sein unsere Handlungen bestimmt.

NICHTS TUN

Stellen Sie sich einen Wald voller Bäume vor. Die Bäume sprechen nicht miteinander, doch sie spüren die Gegenwart der anderen. Vielleicht glauben Sie, dass diese Bäume nichts tun. Doch sie wachsen und versorgen uns Lebewesen mit sauberer Luft zum Atmen. Statt Sitzmeditation als eine Übung der Konzentration, des tiefen Schauens und der Einsicht zu beschreiben, charakterisiere ich sie lieber als eine Übung, uns am Nichstun zu erfreuen. In erster Linie sitzen wir, um das Vergnügen des Sitzens zu genießen. Wir sind dabei vollkommen lebendig und in Berührung mit unserem Körper, der frischen Luft, den Geräuschen anderer Menschen, der Vögel und den wechselnden Farben am Himmel.

MEDITATION

Bewusstes Sitzen wird als »Sitzmeditation« bezeichnet. »Zen« ist die japanische Übersetzung von *dhyana*, dem Sanskritwort für Meditation. Meditation beinhaltet die Übung des Innehaltens und tiefen Schauens. Dazu müssen Sie eigentlich gar nicht sitzen. Jedes Mal, wenn Sie tief schauen – ob Sie nun gehen, Gemüse schneiden, Ihre Zähne putzen oder die Toilette benutzen –, können Sie das auf meditative Weise tun. Um tief zu schauen, müssen Sie sich die Zeit nehmen, wirklich bewusst innezuhalten bei dem, was Sie gerade tun, und schauen, was da ist.

Mit Achtsamkeit und Konzentration richten Sie Ihre Aufmerksamkeit direkt auf das, was da ist, und betrachten es genau. So beginnen Sie, die wahre Natur dessen zu sehen, was vor Ihnen ist. Das mag eine Wolke, ein Kieselstein oder ein Mensch sein. Es mag Ihr Ärger sein oder Ihr Körper und dessen unbeständige Natur. Jedes Mal, wenn wir wirklich innehalten und tief schauen, bekommen wir ein besseres Verständnis der wahren Natur – von uns selbst und allem, was uns umgibt.

TU NICHT EINFACH ETWAS, SITZ EINFACH

Sagen Leute zu Ihnen: »Sitz doch nicht einfach nur rum, tu doch was«, dann wollen sie, dass Sie aktiv werden und handeln. Doch verfügen Sie nicht über genügend Frieden, Verständnis und Gleichmut, sind Sie voller Zorn und Sorgen, dann zeigt sich dies auch in Ihren Handlungen. Ihre Handlungen sollten einer hohen Seinsqualität entspringen. Sein ist Nicht-Handeln. Die Qualität Ihres Tuns hängt von der Qualität des Nicht-Tuns ab. Nicht-Handeln ist bereits etwas. Es gibt Menschen, die nicht allzu aktiv zu sein scheinen, doch ist ihre Präsenz für das Wohlergehen der Welt von entscheidender Bedeutung. Sie kennen vielleicht solche Menschen, die stabil und ruhig sind, nicht fortwährend geschäftig, nicht viel Geld verdienen oder sich vielerorts engagieren, die doch sehr wichtig für Sie sind. Durch ihre

Präsenz sind sie wirklich greifbar und verfügbar. Ihr Beitrag ist das Nicht-Tun, die hohe Qualität ihrer Präsenz. Im Hier und Jetzt zu sein – gefestigt und vollkommen lebendig – ist ein sehr positiver Beitrag für das kollektive Ganze.

GESCHICHTE

DER MÖNCH AUF DEM PODEST

Als ich noch ein Novize in Vietnam war, ging ich einmal in den Tempel Hai Duc und sah dort einen Zen-Meister sitzen. Er saß nicht in der Meditationshalle, sondern auf einem einfachen Podest, das vielleicht aus fünf Holzbalken bestand. Es war braun gestrichen und sehr sauber. Auf dem Podest war ein kleiner Tisch mit vier leicht gebogenen Beinen. Auf dem kleinen Tisch stand eine Blumenvase. Ich sah den Zen-Meister dort sitzen, mit dem Gesicht zum Tisch gewandt. Er saß sehr natürlich und friedvoll, sein Rücken aufrecht, der Körper entspannt.

Als Kind hatte ich die Zeichnung eines im Gras sitzenden Buddhas gesehen. Er sah sehr frei, entspannt, friedvoll und überaus freundlich aus. Nun sah ich einen Menschen aus Fleisch und

Blut so sitzen. Das war ein Wesen wie ich, keine Zeichnung oder jemand, der zu einer gänzlich anderen Welt gehörte. Diesen Mönch auf dem Podest sitzen zu sehen war für mich eine sehr heilige Erfahrung. Ich wollte imstande sein, so zu sitzen wie er. Ich wusste, das würde mich glücklich machen.

WENIGER TUN

Viele von uns versuchen, immer mehr und mehr zu tun. Wir glauben, wir müssten das tun, weil wir Geld verdienen, etwas erreichen wollen, weil wir uns um andere kümmern oder unser Leben und unsere Welt verbessern wollen. Oft tun wir etwas, ohne groß darüber nachzudenken, weil wir es so gewohnt sind, weil uns andere darum gebeten haben oder weil wir glauben, dass wir es sollten. Doch wenn wir in unserem Wesen nicht gefestigt sind, dann werden die Probleme in unserer Gesellschaft immer weiter zunehmen, je mehr wir tun.

Manchmal tun wir eine Menge, ohne wirklich etwas zu tun. Viele Menschen arbeiten sehr viel. Andere scheinen viel zu meditieren, weil sie etliche Stunden am Tag mit Sitzmeditation verbringen, sie singen und rezitieren, verbrennen jede Menge Räucherwerk, doch verwandeln sie niemals ihre Wut, Enttäuschung und ihre Eifersucht. All unsere Handlungen entspringen der Qualität unseres Seins. Gehen wir mit der Haltung an die Dinge heran, dass wir etwas erreichen wollen, dass wir urteilen oder etwas haben wollen, dann wird alles – selbst die Meditation – davon geprägt sein. Die Qualität unserer Präsenz ist unser kostbarster Beitrag für die Welt.

UNSER ATMEN GENIESSEN

Wenn Sie sich hingesetzt haben, werden Sie sich als Erstes Ihres Atmens bewusst. Dies ist der erste Schritt der Selbstfürsorge. Werden Sie Ihres Ein- und Ausatmens gewahr. Spüren Sie, wie der Atem sich durch Ihren Körper bewegt. Sie beginnen, sich um Ihren Körper und Geist zu kümmern und beim Atmen Freude zu empfinden. Jedes Einatmen kann Freude bringen, jedes Ausatmen Ruhe und Entspannung. Das ist Grund genug, um zu sitzen. Wir müssen nicht mit der Absicht sitzen, ein besserer Mensch oder erleuchtet zu werden. Wir können einfach sitzen, um das Sitzen und Atmen zu genießen.

DIE FREUDE DER MEDITATION

Auf die Frage: »Warum isst du Schokolade?«, wird ein Kind wahrscheinlich antworten: »Weil ich sie mag.« Das Schokoladeessen hat kein Ziel und keinen Zweck. Stellen Sie sich vor, Sie steigen auf einen Berg, stehen dann auf dem Gipfel und blicken umher. Vielleicht fühlen Sie sich glücklich. Es gibt keinen Grund, etwas zu tun. Sitzen Sie, um zu sitzen. Stehen Sie, um zu stehen. Es gibt kein Ziel oder keinen Zweck beim Sitzen. Tun Sie es, weil es Sie glücklich macht.

FEIERN

Wenn Sie achtsam ein- und ausatmen, ist das bereits eine Art Einsicht. Jeder atmet, doch nicht jeder ist sich dessen bewusst. Beim achtsamen Einatmen erkennen Sie, dass Sie lebendig sind. Wären Sie das nicht, würden Sie nicht atmen. Lebendig zu sein ist das größte aller Wunder. Erfreuen Sie sich daran. Wenn Sie auf diese Weise atmen, wird Ihr Atem zu einer Feier des Lebens.

UNSEREM ATEM FOLGEN

Achtsamkeit ist immer Achtsamkeit in Bezug auf *etwas*. Wenn wir achtsam sind, sind wir aufmerksam, doch wem oder was schenken wir unsere Aufmerksamkeit? Achtsamkeit hat stets ein Objekt. Beim Sitzen können wir uns des Einatmens und Ausatmens bewusst werden. Folgen Sie Ihrem Atem vom Beginn jedes Einatmens bis ganz zum Ende jedes Ausatmens. Das ist Achtsamkeit auf das Atmen. Jedes Mal, wenn wir uns in achtsamem Atmen üben, erfahren wir ein bisschen mehr darüber, wie Achtsamkeit sich anfühlt.

TIEFES SCHAUEN

Sitzmeditation ist eine Übung, die uns hilft, zu heilen und uns zu verwandeln. Wir lernen, ganz zu sein und tief in uns und die uns umgebende Welt hineinzuschauen, um klar zu sehen, was wirklich da ist. Beim tiefen Schauen erhellen wir die Tiefen unseres Geistes und betrachten das Wesen der Dinge, um deren wahre Natur zu erkennen.

MEDITATION IM TÄGLICHEN LEBEN

Die meisten denken beim Wort Meditation an Sitzmeditation. Dabei gibt es viele verschiedene Arten der Meditation. Achtsamkeitsmeditation kann überall und in jeder Körperhaltung geübt werden – ob wir nun sitzen, stehen, gehen oder liegen. Wann immer wir unseren alltäglichen Aktivitäten mit achtsamem Gewahrsein nachgehen, üben wir uns in Meditation.

WEISHEIT

Beim tiefen Schauen gewinnen wir Einsicht oder Weisheit, *prajna*. Einsicht hat die Kraft, uns von unserem Leiden und dem, was uns einengt, zu befreien. Im Prozess der Meditation lösen sich die Fesseln, innere Blockierungen wie Abneigung, Angst, Wut, Verzweiflung und Hass werden verwandelt; es fällt uns leichter, Beziehungen zu anderen Menschen und zur Natur zu knüpfen, Gefühle von Freiheit und Freude durchdringen uns. Uns wird bewusst, was innerhalb und außerhalb von uns ist; im Alltag sind wir frischer und lebendiger. Indem wir selbst freier und glücklicher werden, handeln wir nicht länger so, dass andere darunter zu leiden haben. Wir sind imstande, uns zu verändern, und helfen anderen, frei zu werden.

WARUM SITZEN?

Durch unser Sitzen nähren wir uns und andere und bringen uns und anderen Freude. Wir sollten so sitzen, dass die Welt von unserem Sitzen profitiert. Wir sind gefestigt. Wir sind entspannt. Wir sind ruhig. Beim Sitzen sind wir glücklich. Wir sitzen, als säßen wir auf einer Lotosblüte und nicht auf einem Haufen glühender Kohlen.

DER AUGENBLICK DER ERLEUCHTUNG

Siddhartha, jener Mann, der vor vielen Jahren in Indien zum Buddha wurde, saß für eine lange Zeit am Fuße des Bodhibaums. Er schien einfach nur zu sitzen, doch sein Körper war an seinem Erwachen ebenfalls beteiligt. Er beobachtete seinen Körper, seine Gefühle und seine Wahrnehmungen. Da er mit seiner Übung fortfuhr, wurde die Kraft seiner Konzentration stärker und stärker. Eines Tages in der Morgendämmerung, als der Morgenstern am Himmel erschien, spürte er ein Gefühl der Befreiung, das alle innere Dunkelheit auflöste. Das war der Augenblick der Erleuchtung.

DIE ÜBUNG DER NICHT-ÜBUNG

Es gibt Leute, die auf eine etwas seltsame Art und Weise sitzen; sie versuchen damit zu zeigen, dass sie Sitzmeditation üben. Wenn Sie achtsam und voller Freude atmen, so tun Sie das nicht demonstrativ, als wollten Sie anderen damit sagen: »Schaut her, ich atme achtsam.« Kümmern Sie sich nicht darum, wie Ihr Sitzen auf andere wirkt. Üben Sie sich in der Nicht-Übungs-Übung. Das Wesentliche an der Übung können wir anderen am besten vermitteln, wenn wir uns ihr mit unserem ganzen Sein widmen.

NACH HAUSE KOMMEN

Sitzen Sie mit dem Gefühl, dass Sie bereits angekommen sind. Zu sitzen bedeutet, nicht zu kämpfen. Lassen Sie Ihr Sitzen zu einem Ankommen im gegenwärtigen Moment werden. Genießen Sie Ihr Ankommen. Wie wundervoll ist es doch, anzukommen. Wie wundervoll ist es, zu spüren, dass Sie zu Hause sind und dass Ihr wahres Zuhause im Hier und Jetzt ist. Auf eine solche Weise zu sitzen lässt Freude und Frieden wirklich werden. Sie strahlen diese Freude und diesen Frieden aus, und alle in Ihrer Umgebung werden davon profitieren.

FREIHEIT

Im gegenwärtigen Moment können wir frei sein von Bedauern über Vergangenes und von Ängsten über Zukünftiges. Glück ist ohne diese Freiheit nicht möglich. Kommen wir in den gegenwärtigen Moment zurück, befreit uns das von unseren Sorgen, unseren Ängsten, unserem Bedauern, unserem Planen und unserer Geschäftigkeit.

STÄRKEN SIE SICH SELBST, WO IMMER SIE AUCH SIND

Es ist sehr schön, wenn Sie zu Hause oder am Arbeitsplatz einen ruhigen Ort zum Sitzen haben. Doch Sie können überall achtsam sitzen, wo immer Sie auch sind. Wenn Sie auf dem Weg zur Arbeit im Zug oder Bus sitzen, so sind das ausgezeichnete Orte für die Sitzpraxis. Statt an Ihre Projekte zu denken, an Ihre Kolleginnen und Kollegen, an die vor Ihnen liegenden Aufgaben, können Sie es genießen, achtsam ein- und auszuatmen, die Spannungen in Ihrem Körper zu lösen und Ihrem Geist eine Denkpause zu gönnen. Machen Sie aus dem Bus oder Zug eine Meditationshalle. Nutzen Sie Ihre Zeit, um sich selbst zu nähren und zu heilen – wo immer Sie auch sein mögen.

SITZEN SIE BEQUEM

Sitzen Sie mit aufrechter Wirbelsäule und erlauben Sie Ihrem Körper zu entspannen. In einer entspannten und stabilen Sitzposition können Sie für lange Zeit sitzen. Sie verkörpern Festigkeit, und das verhilft Ihrem Geist, zur Ruhe zu kommen. Eine stabile Position erdet Körper und Geist. Beim Stillsitzen vermindern wir die Aktivitäten von Körper, Rede und Geist und werden nicht mehr von Gedanken oder Gefühlen hin- und hergerissen, die uns ansonsten vielleicht überwältigen würden.

UNTER DEM BODHIBAUM

Eine Gatha ist ein kurzer Vers, den Sie während der Meditation rezitieren. Sie können sich einen eigenen Vers ausdenken oder Verse rezitieren, die Sie gelesen oder gehört haben.
Hier ist einer:

> Hier zu sitzen
> ist wie das Sitzen unter dem Bodhibaum.
> Mein Körper ist die Achtsamkeit selbst,
> vollkommen frei von jeder Ablenkung.

EINE GESCHICHTE

IM GEFÄNGNIS SITZEN

Eine vietnamesische Schülerin von mir studierte an der Indiana University Englische Literatur, bevor sie nach Vietnam zurückkehrte und sich als Nonne ordinieren ließ. Als Nonne engagierte sie sich sehr, das alltägliche Leid der Menschen zu lindern. Wegen ihrer Aktivitäten wurde sie von der Polizei festgenommen und kam ins Gefängnis. In ihrer Gefängniszelle praktizierte sie Sitzmeditation. Dies war schwierig, weil ihre Bewacher ihr Sitzen als einen provokativen Akt ansahen und dachten, durch ihr friedvolles Sitzen wolle sie ihren Protest demonstrieren und sich den Wachen widersetzen. So wartete die Nonne bis spätabends, bis alle Lichter erloschen waren, damit sie wie ein freier Mensch sitzen konnte. Die Leute, die sie gefangen hielten, versuchten, sie zu kontrollieren. Sie musste praktizieren, um nicht den Verstand zu verlieren; dieses Sitzen gab ihr auch Raum im Herzen. Sie lehrte auch andere Gefangene das achtsame Sitzen und Atmen, so dass diese weniger leiden mussten. Von außen gesehen war sie eine Gefangene, und doch war sie vollkommen frei.

Wenn es Ihnen gelingt, auf diese Weise zu sitzen, gibt es keine Mauern. Sie sind mit dem gesamten Universum in Berührung. Sie verfügen über größere Freiheit als Menschen außerhalb der Mauern, die sich durch ihre Aufgewühltheit, ihre Wut selbst einsperren. Menschen können uns vieles zu nehmen versuchen, doch sie können uns nicht unsere Entschlossenheit und unsere Praxis stehlen.

LEICHTIGKEIT

Sitzen Sie so, dass Sie sich vollkommen wohl und entspannt fühlen. Entspannen Sie jeden Muskel in Ihrem Körper, auch die Muskeln in Ihrem Gesicht. Die Gesichtsmuskulatur entspannen Sie am besten durch ein sanftes Lächeln beim Ein- und Ausatmen. Strengen Sie sich nicht an oder kämpfen Sie beim Sitzen. Lassen Sie einfach alles los. Das verhindert Schmerzen im Rücken, in den Schultern oder im Kopf. Haben Sie ein Kissen, das sich als Unterlage gut für Ihren Körper eignet, können Sie lange Zeit sitzen, ohne zu ermüden.

WAS TUN

Manchmal sagen Leute, dass sie nicht wissen, was sie während des Sitzens tun sollen. »Sie brauchen einfach nur zu sitzen.« Das ist eine Empfehlung der Soto-Zen-Meditationsschule. Das bedeutet, dass Sie, ohne ein Wunder zu erwarten, sitzen sollten, und das schließt auch das Wunder der Erleuchtung mit ein. Wenn Sie immer nur voller Erwartungen sitzen, sind Sie nicht im gegenwärtigen Moment. Der gegenwärtige Moment beinhaltet das ganze Leben.

LOSLASSEN

Sie sollten auf eine Weise sitzen, dass Sie sich leicht, entspannt, glücklich und frei fühlen. Viele von uns leiden unter Ängsten und Sorgen. Wir tragen unsere vergangenen Sorgen und Nöte und unsere Wut mit uns herum, und dieses Gepäck macht unser Leben beschwerlich. Durch die Sitzmeditation wird es uns möglich, diese nutzlosen Dinge loszulassen. Sie sind nichts als Hindernisse für unser Glück. Entspanntheit im Sitzen und Atmen nährt Körper und Geist.

Wenn wir ruhig sind, können wir ein schwieriges Gefühl tief betrachten, seine Ursachen erkennen und somit besser verstehen.

Zunächst nähren wir uns durch die Freude der Meditation, beruhigen den Atem, den Körper und die Gedanken. Dann umarmen wir das schwierige Gefühl. Das bringt uns Erleichterung und verleiht uns eine festere Basis, auf der wir das Problem näher untersuchen, verwandeln und die für uns so nötige Heilung erfahren können.

Schließlich erforschen wir, ob unser Gefühl aus einem gegenwärtigen Geschehen herrührt oder ob wir noch immer an etwas Vergangenem festhalten. Ist Letzteres der Fall, beginnen wir loszulassen, damit wir den gegenwärtigen Moment klarer sehen und wirklich erleben können.

LÄCHELN

Versuchen Sie ein leichtes Lächeln beim Sitzen. Es sollte ein natürliches Lächeln sein, keine Grimasse, kein angestrengtes Lächeln. Durch ein Lächeln entspannen Sie alle Gesichtsmuskeln. Wenn Sie Ihrem ganzen Körper zulächeln, ist das so, als badeten Sie in einem erfrischenden, kühlen Fluss.

GLÜCK

Wenn wir uns entspannen und den Körper beim Ein- und beim Ausatmen zur Ruhe kommen lassen, erfahren wir Freude und Glück. Es ist die Freude, lebendig zu sein und Körper und Geist gleichzeitig zu nähren. Das Wissen, dass wir nichts zu tun haben, außer einfach zu sitzen und achtsam ein- und auszuatmen, schenkt uns großes Glück. Unzählige Menschen haben nie die Chance, diese Freude zu erleben, weil sie in ihrem geschäftigen Leben wie Jojos hin und her hüpfen. Sie müssen nicht Stunden Zeit haben, um zu sitzen. Bereits einige Augenblicke des Sitzens und bewussten Atmens können Sie sehr glücklich machen.

DER ATEMRAUM

Genießen Sie Ihr Sitzen, wann immer Sie die Gelegenheit dazu haben, sei es am Arbeitsplatz, am Fuße eines Baumes oder auf dem Meditationskissen zu Hause. Dann wird es für Sie auch keine beschwerliche Übung, sondern etwas sehr Angenehmes. Richten Sie sich einen Raum oder eine Zimmerecke ein, die Sie nur zum Sitzen nutzen, oder, wenn das nicht geht, legen Sie sich ein Kissen bereit, das Sie nur zur Sitzmeditation verwenden. Wenn Sie an Ihrem Platz ankommen, werden Sie sofort etwas von der Freude und Entspannung empfinden, die aus dem Sitzen herrühren. Ob Sie nun allein oder mit Freundinnen und Freunden zusammen sitzen, tun Sie es in vollkommener Gegenwärtigkeit, seien Sie wirklich präsent.

MIT EINER GLOCKE SITZEN

Eine Glocke erklingen zu lassen ist eine wundervolle Art, mit der Sitzmeditation zu beginnen. Der Klang der Glocke ist die Stimme Ihres wahren Selbst, die Sie in den gegenwärtigen Moment zurückruft. Der schöne Klang erinnert uns daran, dass unser wahres Zuhause der gegenwärtige Moment selbst ist. Einer Glocke zu lauschen unterstützt die Meditationspraxis. Seien Sie sich dabei Ihres Atmens bewusst.

DIE GLOCKE EINLADEN

Statt eine »Glocke anzuschlagen«, ziehe ich es vor, »den Klang der Glocke einzuladen«. Atmen Sie dreimal ein und aus und wecken Sie dann die Glocke auf, indem Sie sie mit dem Holzklöppel berühren. Lassen Sie diesen dort ruhen, was ein gedämpftes Geräusch ergibt. Atmen Sie einmal ein und aus, bevor Sie die Glocke dann zu einem vollen Klang einladen. Wenn Sie keine Glocke haben, können Sie eine entsprechende Aufnahme auf Ihr Smartphone oder Ihren Computer herunterladen.*

* http://plumvillage.org/mindfulness-practice/mindfulness-software/

DER GLOCKE LAUSCHEN

Wenn wir beim Sitzen der Glocke lauschen, sollten wir allen Zellen unseres Körpers erlauben, dem Klang zu lauschen. Auch der Geist, unser Bewusstsein, besteht aus so etwas wie »Zellen«. Das sind unsere Gedanken, Gefühle und Wahrnehmungen und unsere Gedanken darüber, wie die Dinge sind oder sein sollten. Alle geistigen Formkräfte oder Geistesregungen existieren als Samen in unserem Speicherbewusstsein, unserem Unbewussten. Wenn ein Samen, zum Beispiel der Samen der Wut, berührt wird, zeigt er sich im Bewusstsein, und da nennen wir ihn dann geistige Formkraft oder Geistesregung. Welche geistige Formkraft auch immer in uns aufgestiegen ist, wir können ihr erlauben, der Glocke zu lauschen. Ob es sich nun um Sorge, Wut, Angst oder Anhaftung handelt, wir erlauben ihr, der Glocke gemeinsam mit uns zu lauschen. So wie eine Blume aus Nicht-Blume-Elementen besteht, bestehen auch wir aus Nicht-wir-Elementen. Wir bestehen aus unseren Vorfahren, unserer Kultur, aus Nahrung, Luft und Wasser. Wir bestehen aus Form, Gefühlen, Wahrnehmungen, geistigen Formkräften und Bewusstsein. Wir laden jeden dieser Bestandteile ein, der Glocke in tiefer Weise zuzuhören. Diese Art des Zuhörens bringt Frieden in jede Zelle unseres Körpers und Geistes.

BEGLEITEN SIE IHREN ATEM

Wenn Sie eine Glocke bei sich zu Hause haben, sollte jeder sie einladen können, um so allen die Möglichkeit zu geben, zu sich selbst zurückzukehren. Sobald Sie die Glocke hören, halten Sie inne in dem, was Sie gerade sagen, tun oder denken. Gleiten Sie mit dem Klang der Glocke und Ihrem Atem heim zu sich selbst, zum gegenwärtigen Moment, zum Hier und Jetzt. Sie erlernen auf diese Weise die Kunst, lebendig zu sein, die Kunst, gegenwärtig zu sein. Lebendig zu sein bedeutet im Hier und Jetzt zu sein und damit in Berührung mit den Wundern des Lebens in uns und um uns herum. Die Übung ist so einfach. Jedes Mal, wenn Sie die Glocke hören, ist es so, als riefe jemand Ihnen zu: »Komm nach Hause, mein Kind, renne nicht mehr umher. Komm nach Hause zu dir selbst. Komm nach Hause zum Leben.«

EINE GUTE GEWOHNHEIT SCHAFFEN

Wenn Sie regelmäßig sitzen, wird daraus eine Gewohnheit. Sie werden davon loskommen, immer irgendwo ankommen zu wollen. Selbst der Buddha hat auch nach seiner Erleuchtung noch jeden Tag meditiert. Wir müssen nirgendwo ankommen – außer im gegenwärtigen Moment.

GEWOHNHEITSENERGIE

Vielleicht ergeht es Ihnen beim Sitzen des Öfteren so, dass Sie sich gedrängt fühlen, aufzustehen und etwas anderes zu tun. Da ist eine Energie am Werke, die man Gewohnheitsenergie nennt. Sie ist die Art von Energie, die durch ein altes Muster, eine Situation oder eine Gewohnheit befeuert wird. Sie gründet nicht auf unseren wahren Bedürfnissen und unserer realen Situation in der Gegenwart.

Gewohnheitsenergie treibt immer an. Wir haben uns daran gewöhnt zu denken, dass wir im Hier und Jetzt nicht glücklich sein können, dass wir uns an einem anderen Ort oder in der Zukunft nach dem Glück umschauen müssen.

Darum rennen wir auch immer umher. Das haben schon unsere Eltern so getan. Sie haben diese Gewohnheit des Umhereilens an uns weitergegeben, und sie selbst haben sie von ihren Vorfahren geerbt. Es ist eine langlebige Gewohnheit. Wir sind zutiefst davon überzeugt, dass es in der Zukunft irgendwann mehr Bedingungen für uns geben wird, glücklich zu sein, und dass unser »wahres Leben« woanders wäre. Aufgrund unserer Gewohnheitsenergie mag uns der gegenwärtige Moment manchmal langweilig erscheinen.

Diese Energie ist sehr stark, und wenn wir ihrer nicht gewahr sind, kann sie stärker sein, als wir es sind. Wenn wir uns zur Meditation setzen und den Klang der Glocke einladen, erinnert uns das daran, diese Gewohnheitsenergie loszulassen und nach Hause zurückzukehren.

EINE GESCHICHTE

IM BUS IN INDIEN UNTERWEGS

Vor einigen Jahren reiste ich nach Indien, um dort einige Retreats für Dalits zu geben. Dalits sind die unterste Kaste der indischen Gesellschaft und werden seit Tausenden von Jahren diskriminiert. Viele von ihnen haben sich dem Buddhismus zugewandt, weil es dort keine Kasten gibt. Ein Dalit der Buddhistischen Gesellschaft half uns bei der Organsisation unserer Reise. Er hatte eine Familie, eine Wohnung in Neu-Delhi, führte, materiell gesehen, ein recht komfortables Leben, doch in ihm wirkte immer noch die Gewohnheitsenergie seiner Kaste mit den prägenden diskriminierenden Erfahrungen. Ich saß im Bus neben ihm und genoß den Blick aus dem Fenster auf die indische Landschaft. Als ich meinen Kopf drehte, sah ich ihn sehr angespannt dasitzen. Während ich die Busfahrt genoss, ging es ihm ganz anders. Ich sagte: »Lieber Freund, ich weiß, dass du dich sehr darum bemühst, meinen Aufenthalt so angenehm wie möglich zu machen. Mir geht es sehr gut, ich fühle mich wohl und glücklich, also lehn dich zurück, entspann dich und hör auf, dir Sorgen zu machen.« Er sagte: »In Ordnung«, und lehnte sich entspannt zurück, während ich wieder aus dem Fenster schaute und die Aussicht genoss. Als ich ihn nach einigen Minuten erneut betrachtete, sah ich, dass er wieder so angespannt war wie zuvor. Es ist nicht einfach, alte Gewohnheitsenergien zu beenden. Wir alle brauchen einen Freund oder eine Freundin, Menschen, die uns von Zeit zu Zeit daran erinnern. Wenn niemand da ist, kann die Glocke eine solche Freundin sein, die uns erinnert, dass wir unsere alten Gewohnheitsenergien erkennen und ihnen zulächeln sollten. Auf diese Weise werden wir frei von ihnen.

KLAR SEHEN

Wenn Sie sich zur Meditation hinsetzen, schenken Sie als Erstes Ihrem Einatmen und Ausatmen Aufmerksamkeit. Richten Sie Ihre Aufmerksamkeit vollkommen auf Ihren Atem. Ihr Atmen wird friedvoll, wenn Sie richtig praktizieren. Dieses friedvolle Atmen beruhigt Körper und Geist. Die erste Priorität bei der Sitzmeditation ist, dass wir zur Ruhe kommen. Sind wir ruhiger, können wir klarer sehen. Und wenn unsere Sicht nicht länger vernebelt ist, sehen wir mit größerem Verständnis und beginnen ganz natürlich, Mitgefühl für uns und andere zu empfinden. Dann wird wahres Glück möglich.

GESCHENKE DER PRAXIS

Achtsam zu sitzen und zu atmen bringt vier wichtige Elemente in unser Leben: Frieden, Klarheit, Mitgefühl und Mut. Sind wir friedvoll und klar, weckt das unser Mitgefühl. Mitgefühl geht mit Mut einher, und Mut führt zu wahrem Glück. Verfügen Sie über großes Mitgefühl, werden Sie voller Mut handeln können. Ihr Mut wird groß genug sein, um alte Gewohnheiten tief zu betrachten, Angst anzuerkennen und Entscheidungen zu treffen, die Begierden und Wut durchtrennen. Haben Sie zu wenig Mitgefühl mit sich selbst und anderen, dann werden Sie auch nicht den Mut aufbringen, die Bedrängnisse aufzulösen, unter denen Sie leiden.

DEN KÖRPER ERKENNEN

Wenn unser Einatmen und Ausatmen ruhig und angenehm geworden ist, wirkt sich das mit der Zeit positiv auf unseren gesamten Körper aus. Im Alltag vergessen viele von uns, dass sie einen Körper haben. Oft ist unser Körper voll von Stress, Schmerz und Leid. Vielfach ignorieren wir den Körper, bis der Schmerz zu groß geworden ist. Atmen wir auf friedvolle Weise, wird sich dieser Frieden auf den Körper übertragen. Durch achtsames Sitzen und Atmen bringen wir den Geist zum Körper zurück. Wir beginnen, seine Präsenz anzuerkennen, und lösen die körperlichen Spannungen auf.

SITZEN IST EINE PRAXIS UND EIN LUXUS

Sitzen ist eine Übung oder eine Praxis. Die Art des Sitzens, die uns meist eher geläufig ist, ist das Sitzen vor dem Computer, in einer Besprechung oder vor dem Fernseher. Wir sollten uns in einem Sitzen üben, bei dem wir nur mit uns selbst sind, ohne Ablenkungen. Einfach nur zu sitzen und nichts zu tun wird heutzutage in unserer Gesellschaft als purer Lusxus oder als Zeitverschwendung angesehen. Doch das Sitzen schenkt uns nährende Ruhe und Freude, und wir alle können eine gewisse Zeit dafür aufbringen. Wie wundervoll ist es, einfach nur zu sitzen und nichts zu tun.

WAS WESENTLICH IST

Wesentlich ist, sich darin zu üben, still und achtsam zu sitzen. Je mehr Sie sich darin schulen, desto tiefere Aspekte Ihres Denkens und Fühlens werden Ihnen zugänglich. Vielleicht denken Sie: »Ich langweile mich«, »Das ist doch albern«, »Ich muss gerade jetzt etwas anderes tun«. Es gibt viele alte Gewohnheiten und alte Geschichten in uns, die solche Gedanken und Gefühle hervorrufen. Was hindert Sie daran, den gegenwärtigen Moment zu erfahren? Atmen Sie weiter. Sitzen Sie weiter. Das ist die Übung.

EIN STROM VON GEFÜHLEN

Es gibt in uns allen einen Strom von Gefühlen – angenehme Gefühle, unangenehme Gefühle und neutrale Gefühle. Sie folgen aufeinander wie Wassertropfen in einem Fluss. Beim Sitzen durchströmt uns dieser Fluss von Gefühlen, und es ist verlockend, uns durch ein starkes Gefühl davonziehen zu lassen. Doch stattdessen sitzen wir am Ufer und beobachten all die vorbeiströmenden Gefühle. Wir können sie benennen. »Dies ist ein angenehmes Gefühl«, »Dies ist ein schmerzvolles Gefühl«. In gleicher Weise können wir auch mit Wut oder Angst verfahren. Das Benennen kann der erste Schritt sein, durch den wir etwas Distanz zu unseren Gefühlen bekommen. So werden wir erkennen, dass ein Gefühl nur ein Gefühl ist und dass es unbeständig ist. Ein Gefühl kommt, und es geht auch wieder.

EINEN GEFÜHLSSTURM ÜBERSTEHEN

Ein starkes Gefühl ist wie ein Sturm oder Orkan und kann großen Schaden anrichten. Wir müssen wissen, wie wir uns schützen und eine sichere Umgebung schaffen können, um einen solchen Sturm gut zu überstehen. Unsere Praxis besteht darin, Körper und Geist vor dem Sturm zu beschützen. Nach jedem Sturm sind wir stärker, gefestigter und haben weniger Angst vor dem nächsten.

Wir können lernen, wie wir uns um die schmerzvollen Gefühle und starken Emotionen, die aus der Tiefe unseres Bewusstseins aufsteigen, am besten kümmern. Wir sind mehr als unsere Emotionen. Wir sind imstande zu erkennen, was da ist. »Einatmend weiß ich, dass dies nur ein Gefühl ist. Das macht mich nicht zur Gänze aus. Ich bin mehr als meine Emotionen.« Dies ist eine sehr grundlegende Einsicht. Emotionen kommen auf, bleiben für eine Weile und gehen dann wieder. Warum sollten wir uns wegen einer Emotion umbringen? Nach ein paar Minuten Praxis wird der Sturm sich legen, und Sie werden erkennen, wie leicht es im Grunde gewesen ist, ihn zu überstehen. Sie sollten allerdings mit der Praxis beginnen, bevor der Sturm aufzieht, sonst erinnern Sie sich vielleicht nicht mehr daran und der Sturm wird sie davonwehen. Daher ist unsere tägliche Praxis so wichtig.

BAUCHATMUNG

Sobald ein Gefühlssturm in Ihnen aufkommt, sollten Sie sich still und ruhig hinsetzen und zu Ihrem Atem und Ihrem Körper zurückkehren. Gehen Sie mit Ihrer Aufmerksamkeit nicht mehr dorthin, wo Sie die Ursachen Ihres Leidens sehen, sondern konzentrieren Sie sich auf Ihre Atmung. Achtsames Atmen ist Ihr Anker in jedem Sturm. Bringen Sie Ihre Aufmerksamkeit vom Kopf hinunter in den Bauch, damit Sie mit dem Denken und Planen aufhören. Seien Sie einfach ganz nah bei Ihrem Atmen. Erinnern Sie sich daran: »Ich habe viele Stürme überstanden. Jeder Sturm zieht vorbei; keiner bleibt für immer. Daher wird sich auch dieser Geisteszustand verändern.«

Wenn wir bei einem Sturm auf die Baumkrone schauen, haben wir vielleicht den Eindruck, der Baum würde jeden Augenblick umstürzen. Doch wenn wir den Baumstamm betrachten, sehen wir, dass er sehr stabil ist, und wir wissen, dass der Baum stehen bleiben wird. Ihr Bauch ist wie der Stamm eines Baumes. Üben Sie sich darin, mit Ihrem Geist nur bei der Atembewegung im Unterbauch zu sein und Ihre Gefühle vorbeiziehen zu lassen.

NEUTRALE GEFÜHLE

Wenn Sie sitzen und mit achtsamem Gewahrsein atmen, werden Ihnen alle Gefühle bewusst, die Sie in Ihrer Geschäftigkeit bislang übersehen haben. Ihnen werden nicht nur Ihre Sorgen und Ihre Freude bewusst, sondern auch Ihre neutralen Gefühle. Ein neutrales Gefühl ist ein Gewahrsein, das weder angenehm noch schmerzvoll ist, wie zum Beispiel das Gewahrsein eines Körperteils, das nicht weh tut. Ein neutrales Gefühl können wir in ein angenehmes Gefühl verwandeln.

Zahnschmerzen sind im Allgemeinen etwas sehr Unangenehmes. Wenn Sie keine Zahnschmerzen haben, haben Sie diesbezüglich ein neutrales Gefühl, Sie sind sich Ihrer Nicht-Zahnschmerzen normalerweise nicht bewusst. Sind Sie jedoch achtsam und bemerken, dass Sie keine Zahnschmerzen haben, dann wird das vormals neutrale Gefühl zu einem freudigen und friedvollen. Sie sind einfach glücklich, in diesem Augenblick keine Zahnschmerzen zu haben. Durch die Verwandlung neutraler in freudige Gefühle nähren und stärken wir unser Glück.

TIEFES SCHAUEN

Die Sitzmeditation hat zwei Aspekte. Der erste ist das Innehalten und die Beruhigung des Körpers. Schon das kann eine Quelle großen Glücks sein. Der zweite Aspekt ist die eingehende und tiefe Betrachtung der Dinge – tiefes Schauen. In der stillen Meditation lassen Sie Körper und Geist zur Ruhe kommen.

Es gibt jedoch Menschen, die nur meditieren, weil sie die Komplikationen und Probleme ihres Lebens vergessen wollen. Sie sind wie Kaninchen, die hinter eine Hecke kriechen, um einem eventuellen Jäger zu entkommen. Wenn wir tief schauen, sehen wir die Quelle unserer Gewohnheiten, Wahrnehmungen und Anhaftungen. Wenn wir mit Mitgefühl und ohne zu beurteilen schauen, beginnen wir, die Wahrnehmungen loszulassen und uns selbst und die Welt klarer zu sehen.

UNSER SITZEN MIT UNS IN DIE WELT BRINGEN

Wenn Sie wahrnehmen, dass Sie sich bei der Sitzmeditation sicher und beschützt fühlen, wollen Sie sich diesen Zustand vielleicht unbedingt bewahren. Doch wir können nicht für immer sitzen bleiben. Wir können aber unser achtsames Gewahrsein in jede unserer Handlungen einfließen lassen, in die Art, wie wir gehen, sprechen und arbeiten. Auf diese Weise engagieren wir uns in unserem Leben und sind imstande, in unsere Beziehungen und in die Welt Freude zu bringen.

DIE STERNE ÜBER UNS

Wann und wo auch immer wir sitzen, über uns gibt es Trillionen von Sternen. Wir sitzen auf einem Planeten, einem sehr schönen Planeten, der in der Milchstraße kreist. Sitzen wir mit diesem Gewahrsein, können wir die ganze Welt umarmen, von der Vergangenheit bis in die Zukunft. Sitzen wir auf diese Weise, ist unser Glück sehr groß.

SEIEN SIE GEGENWÄRTIG, WO IMMER SIE SIND

Mit der Fähigkeit, beim Sitzen freudig und friedvoll zu sein, können wir überall sitzen. Wir können am Flughafen sitzen. Ebenso am Bahnhof. Wir können am Flußufer sitzen. Aber auch im Gefängnis. Wenn alle Menschen auf dieser Erde so zu sitzen wüssten, hätten wir mehr Frieden, Freude und Glück auf dieser Welt.

Beim Sitzen sind wir wirklich ganz da, im gegenwärtigen Moment, wir sind heimgekommen, wir sind angekommen. Wir sind da im Hier und Jetzt und werden nicht von Vergangenem, Zukünftigem oder durch gegenwärtig erlebte Wut oder Eifersucht weggezogen. Wenn wir so sitzen, sitzen wir als freie Menschen.

EINE BLUME ZWISCHEN ZWEI FELSEN

Wenn Sie allein stillsitzen, hat das eine Schönheit, selbst wenn niemand sie sieht. Wächst eine Blume in einer Felsspalte, ist das ein wunderschöner Anblick. Es kann sein, dass kein Mensch sie jemals sieht, aber das macht nichts.

SITZEN UND PUTZEN

Die Prinzipien des Sitzens lassen sich in jedem Augenblick unseres täglichen Lebens anwenden. Putzen wir beispielsweise den Boden, dann putzen wir den Boden, einfach, um den Boden zu putzen, und wir genießen es, den Boden zu putzen. Es macht uns glücklich. Das Glück und die Zufriedenheit, die wir in der Sitzmeditation erfahren, sollten wir in unseren Alltag bringen. Wir können glücklich sein, wenn wir den Boden putzen.

UNS SELBST ERNEUERN

Im Alltag verlieren wir uns manchmal in unseren Gedanken, in unseren Sorgen und unseren verschiedenen Vorhaben. Zu sitzen bedeutet, dass wir uns wieder erneuern, dass wir vollkommen präsent und im Hier und Jetzt lebendig werden. Das kann ganz einfach und schnell geschehen, wenn wir unserem Atem folgen und unseren Körper und Geist beruhigen. Es dauert vielleicht fünf oder zehn Sekunden, im Hier und Jetzt ganz gegenwärtig zu sein. Diese Qualität, zu sein, schenken wir uns selbst, schenken wir einander und der Welt.

SPIRITUELLE NAHRUNG

Sitzen ist für uns keine Verpflichtung. Es ist eher ein Teil unserer täglichen Nahrung, wie das Essen. Betrachten Sie die tägliche Sitzmeditation als eine Art spirituelle Nahrung. Beim Sitzen produzieren wir die Energie der Achtsamkeit sowie ein Wohlgefühl, das unsere Freude nährt. Versuchen Sie, regelmäßig zu meditieren. Enthalten Sie sich und der Welt diese spirituelle Nahrung nicht vor. Wenn wir erkennen, dass unsere Praxis für uns und die Welt nährend ist, wird sie uns Freude machen und das Gefühl geben, dass wir dem Leben von Nutzen sind.

DEN ATEM ZÄHLEN

Wenn wir mit der Sitzmeditation beginnen, mag es sinnvoll sein, unsere Atemzüge zu zählen. Sagen Sie »eins« beim ersten Ein- und Ausatmen; »zwei« beim zweiten und so weiter. Wandert Ihr Geist umher und Sie vergessen das Zählen, beginnen Sie wieder mit »eins«. Diese Übung ist gut für unsere Konzentration. Sie glauben vielleicht, es sei einfach, bis zehn zu zählen, doch bis zehn zu zählen und dabei achtsam zu atmen bedarf einiges an Konzentration.

EINE UHR VERWENDEN

Bei einer tickenden Uhr können Sie auch in Übereinstimmung mit dem Rhythmus der Uhr atmen. Das kann Ihnen helfen, sich nicht auf Gedanken, sondern stattdessen auf Ihr Atmen auszurichten.

EIN NOTIZBUCH BEIM SITZEN VERWENDEN

Es kann nützlich sein, ein Notizbuch zu führen, um sich beim Sitzen oder danach Dinge aufzuschreiben. Wenn Sie einen festen Platz für Ihre Meditation haben, können Sie das Notizbuch dort hinlegen. Sitzen Sie an verschiedenen Orten oder wann immer es Ihnen möglich ist, sollten Sie es bei sich in der Tasche oder im Rucksack haben. Schreiben Sie die Gedanken oder Einsichten auf, die Ihnen beim Sitzen gekommen sind. Oder zeichnen Sie. Mit klarem Geist nach dem Sitzen zu schreiben kann sehr befriedigend sein. Sie müssen es auch nicht direkt lesen. Lassen Sie es für eine Weile ungelesen, so dass Sie ohne Beurteilung weiter nachdenken können.

WIR SIND EIN STROM

Auch wenn Sie glauben, Sie säßen allein, sitzen doch all Ihre Vorfahren mit Ihnen. Ihre Eltern, Großeltern und Urgroßeltern sind alle in Ihnen, ob Sie sie nun kennen oder nicht. Nehmen Sie ihre Anwesenheit zur Kenntnis, und laden Sie sie ein, zusammen mit Ihnen zu atmen. »Lieber Vater, das ist meine Lunge, und es ist auch deine Lunge. Ich weiß, dass du in jeder Zelle meines Körpers bist.« Oder sagen Sie beim Einatmen: »Mutter, ich lade dich ein, mit mir ein- und auszuatmen.« In jeder Zelle Ihres Körpers sind

Ihre Vorfahren präsent. Laden Sie sie alle ein, mit Ihnen das Ein- und Ausatmen zu genießen. Sie sind kein isoliertes Wesen. Sie bestehen aus Ihren Vorfahren. Atmen Sie ruhig aus, dann atmen all Ihre Vorfahren in Ihnen ruhig aus. Während ihrer Lebenszeit hatten Ihre Vorfahren vielleicht nicht die Möglichkeit, achtsam zu sitzen und friedvoll zu atmen. Doch nun haben sie in Ihnen die Chance dazu. Es gibt kein abgetrenntes Selbst. Wir sind *ein* Strom. Wir sind *ein* Fluss. Wir sind *eine* Fortführung.

MIT UNSEREN SPIRITUELLEN VORFAHREN SITZEN

Sie sitzen bei der Meditation mit Ihren Blutsverwandten, aber Sie sitzen auch mit Ihren spirituellen Vorfahren. Ihre spirituellen Vorfahren sind auch ein Teil von Ihnen. Laden Sie die, von denen Sie sich inspiriert fühlen, ein, mit Ihnen zu atmen und das Atmen zu genießen, sei es nun Moses, Jesus Christus oder Mohammed. Auch sie sind in jeder unserer Zellen.

ZUSAMMEN SITZEN

Allein zu sitzen ist etwas Wunderbares. Doch mit einem Freund, einer Freundin zusammen zu sitzen ist einfacher. Es gib einen vietnamesischen Ausspruch, der lautet: »Wenn du Reis isst, brauchst du eine Suppe.« Bei der Achtsamkeitspraxis brauchen Sie Freundinnen und Freunde. Beim gemeinsamen Sitzen schaffen wir eine kraftvolle, kollektive Energie der Achtsamkeit. Wenn wir mit anderen sitzen, profitieren wir von ihrem Sein und von ihrer Praxis. Wir müssen gar nicht viel sagen, doch wir werden zu einem kollektiven Organismus und erlangen gemeinsame Einsichten. Dabei trägt ein jeder zur Qualität des Ganzen bei. Diese kollektive Energie ist kraftvoller als unsere individuelle. Das gemeinsame Sitzen ist mit Wasser in einem Fluss vergleichbar, das sich vom Meer umarmen lässt. Hören wir den Klang der Glocke, atmet jede Person achtsam und trägt damit zur kollektiven Achtsamkeitsenergie bei. Diese kollektive Energie unterstützt uns sehr wirkungsvoll dabei, Einsichten zu entwickeln und Schwierigkeiten zu überwinden. Von dieser Energie können wir profitieren, weil sie uns hilft, unseren Schmerz und unser Leiden zu umarmen. Sie können still sagen: »Liebe Brüder und Schwestern in der Gemeinschaft, dies ist mein Leiden. Bitte, Brüder und Schwestern, helft mir, den Schmerz und das Leiden zu umarmen.«

EIN VOGELSCHWARM

Wenn Sie mit anderen gemeinsam sitzen, müssen Sie überhaupt nichts tun. Die grundlegende Übung besteht darin, präsent zu sein, dem Atem zu folgen und die Freude am Zusammensein zu erleben. Stellen Sie sich einen Vogelschwarm vor. Jeder Vogel hat seine eigene Position und trägt zur Gesamtformation bei. Sie fliegen so geschmeidig zusammen. Da jeder Vogel Teil dieser größeren Formation ist, braucht er sich nicht zu sehr anzustrengen. Er profitiert von der kollektiven Energie und muss nicht so schwer arbeiten. Es ist ein Vergnügen, auf diese Weise zusammen am Himmel zu fliegen. Wenn wir zusammen sitzen, unterstützen wir uns gegenseitig. Wir bieten einander unsere wahre Präsenz an.

EINANDER HELFEN

Beim gemeinsamen Sitzen kümmern Sie sich um sich selbst und um die Gruppe. Sehen Sie einen anderen Menschen ruhig und gefestigt sitzen, kann Ihnen das helfen. Solch ein Mensch beeinflusst die ganze Umgebung. Wenn ich jemanden so sitzen sehe, möchte ich auch so sitzen. Ich möchte der Gemeinschaft meine wahre Präsenz schenken. Sie hat die Qualität, anderen zu helfen. Die kollektive Energie durchdringt alle. Jeder gibt etwas und empfängt etwas zur selben Zeit.

EINEM FREUND HELFEN

Vielleicht sitzt jemand mit Ihnen, der voller Angst oder Verzweiflung ist, darüber aber nicht sprechen kann. Er versucht, diese Gefühle beim Sitzen auszuhalten. Sie helfen ihm bereits damit, dass Sie präsent und gefestigt mit ihm sitzen. Durch Ihre Präsenz bringen Sie zum Ausdruck: »Sorge dich nicht. Ich bin bei dir. Ich will dir dabei helfen, diese Angst oder Verzweiflung in dir zu umarmen und auszuhalten.« Es ist sehr schwierig, einen Schmerz allein auszuhalten. Doch durch die kollektive Gruppenenergie wird das möglich.

EIN GÄRTNER, DER IN SEINEN GARTEN ZURÜCKKEHRT

Beim Sitzen sind Sie wie ein Gärtner, der in seinen Garten zurückkehrt und sich um ihn kümmert. Alle Pflanzen und Tiere dort profitieren von seiner Rückkehr. Sie sind so glücklich, ihn wieder bei sich zu haben. Beim Sitzen kehren Sie zu sich selbst zurück, zu Ihrem Körper, Ihren Gefühlen und Wahrnehmungen, um für sie zu sorgen. Das ist eine gute Nachricht.

GEFÜHRTE MEDITATIONEN

Geführte Meditationen sind keine neue Erfindung. Es gab sie bereits zu Zeiten des Buddha vor mehr als 2500 Jahren. Selbst wenn Sie es sehr genießen, in Stille zu sitzen, können geführte Meditationen sehr nützlich sein. Eine geführte Meditation bietet die Möglichkeit, tief in den Geist hineinzuschauen, heilsame Samen zu säen, zu stärken und sich gut entwickeln zu lassen, so dass sie uns bei der Verwandlung unseres Leidens unterstützen. Eine geführte Meditation kann uns auch helfen, uns mit dem Leiden zu konfrontieren, das wir bisher immer wieder gemieden haben. Wir erkennen seine Wurzeln und Ursachen, wenn wir es klarer sehen, und können uns so von seinen Fesseln befreien.

GEFÜHRTE MEDITATION

FREUDE

Durch die folgende Meditation können Sie Freude und Ruhe in Ihren Körper bringen. Jeder der kurzen Verse wird Praxisgedicht oder Gatha genannt. Beim ersten Lesen nehmen Sie den ganzen Satz und sprechen ihn; beim zweiten Durchgang können Sie die Schlüsselworte am Ende verwenden. Sagen Sie beim Einatmen das erste Wort, beim Ausatmen das andere. Bleiben Sie einige Atemzüge lang bei diesen Worten, bis Sie zum nächsten Teil der Übung gehen.

Beim Einatmen richten Sie Ihre gesamte Aufmerksamkeit auf Ihr Einatmen. Spüren Sie die damit einhergehende Ruhe, wo auch immer der Atem sich im Körper gerade befinden mag. Spüren Sie, wie der Atem die inneren Organe kühlt, so als würden Sie an einem heißen Tag kaltes

Wasser trinken. Entspannen Sie beim Ausatmen alle Gesichtsmuskeln, dadurch wird sich auch Ihr Nervensystem entspannen.
Die folgenden geführten Meditationen bringen uns zurück in den gegenwärtigen Moment. Sie sind kurz, und wir können sie jederzeit und an jedem Ort durchführen: in der Küche, am Flussufer, in einem Park, ob wir nun gehen oder still stehen, liegen oder sitzen, sogar bei der Arbeit.
Die erste Meditation zeigt, wie Atmung und Worte zusammengehen. Das funktioniert bei allen folgenden Meditationen auf dieselbe Weise.

1. Ich atme ein und weiß, dass ich einatme *(einatmen).* Ich atme aus und weiß, dass ich ausatme (ausatmen).
   Ein *(einatmen)* / aus *(ausatmen).*

2. Ich atme ein, und mein Atem ist tief.
   Ich atme aus, und mein Atem ist langsam.
   Tief / langsam.

3. Ich atme ein und fühle mich ruhig.
   Ich atme aus und fühle mich entspannt.
   Ruhig / entspannt.

4. Ich atme ein und lächle.
   Ich atme aus und lasse los.
   Lächeln / loslassen.

5. Ich bin mir meines Körpers bewusst und atme ein.
   Ich entspanne meinen Körper und atme aus.
   Mir des Körpers bewusst / den Körper entspannen.

6. Ich beruhige meinen Körper und atme ein.
   Ich sorge gut für meinen Körper und atme aus.
   Beruhigen / gut sorgen.

7. Ich lächle meinem Körper zu und atme ein.
   Ich löse die Spannungen in meinem Körper und atme aus.
   Dem Körper zulächeln / Spannungen lösen.

8. Ich atme ein und beruhige meinen Körper.
   Ich atme aus und lächle.
   Beruhigen / lächeln.

9. Ich atme ein und verweile im gegenwärtigen Moment.
   Ich atme aus und weiß, es ist ein wundervoller Moment.
   Gegenwärtiger Moment / wundervoller Moment.

GEFÜHRTE MEDITATION

MIT DEM BUDDHA SITZEN

Sitzen Sie allein, mögen Sie sich vielleicht vorstellen, der Buddha säße mit Ihnen. Sie können sagen: »Lieber Buddha. Ich lade dich ein, mit mir zu sitzen. Bitte nutze dafür meinen Rücken auf die bestmögliche Weise. Und ich weiß, dass mein Rücken sich durch dein Sitzen aufrichten und entspannen wird. Ich weiß, dass dein Atmen von sehr großer Qualität ist. Nutze zum Atmen meine Lunge und zum Sitzen meinen Rücken.« Der Buddha ist nicht außerhalb von uns. In jedem von uns sind Samen der Achtsamkeit, des Friedens und der Erleuchtung. Beim Sitzen geben Sie diesen Samen eine Möglichkeit, sich zu zeigen. Wenn Sie den inneren Buddha einladen, zu sitzen, wird er es sofort in schönster Weise tun. Sie müssen gar nichts tun; genießen Sie einfach sein Sitzen und sein Atmen. Während Sie Ihrem Atem folgen, können Sie folgende Worte zu sich sagen:

Lass den Buddha atmen.
Lass den Buddha sitzen.
Ich muss nicht atmen.
Ich muss nicht sitzen.

Befinden Sie sich in einer schwierigen Situation, oder fühlen Sie sich zu unruhig und zu aufgewühlt zum Sitzen, so bitten Sie den Buddha, es für Sie zu tun. Dann wird es leicht. Die nächste Übung ist:

Der Buddha atmet.
Der Buddha sitzt.
Ich genieße das Atmen.
Ich genieße das Sitzen.

Der nächste Vers lautet:

Der Buddha atmet.
Der Buddha sitzt.
Ich atme.
Ich sitze.

Anfangs sind der Buddha und Sie noch getrennt. Dann kommen Sie einander näher. Der folgende Vers lautet:

Da ist Atmen.
Da ist Sitzen.
Niemand atmet.
Niemand sitzt.

Wenn der Buddha atmet, ist das Atmen leicht und entspannt. Wenn der Buddha sitzt, ist das Sitzen vollkommen.

Der Buddha existiert nicht außerhalb des Atmens und Sitzens. Es gibt nur das Atmen und das Sitzen. Es gibt keinen Atmenden. Es gibt keine Sitzende. Wenn das Atmen oder Sitzen von großer Qualität ist, wenn unsere Gedanken, unser Sprechen und Handeln voller Achtsamkeit und Mitgefühl sind, wissen wir, dass der Buddha da ist. Außerhalb dieser Dinge gibt es keinen Buddha. Ich atme. Ich sitze. Da gibt es Atmen. Da gibt es Sitzen. Aber es gibt niemanden, der atmet, niemanden, die sitzt.

Freude im Atmen.
Frieden im Sitzen.
Freude ist das Sitzen.
Frieden ist das Atmen.

GEFÜHRTE MEDITATION

MIT DEM INNEREN KIND SPRECHEN

Wir waren als Kinder sehr verletztlich und von anderen abhängig in unserem Überleben. Vielleicht haben Sie als Kind Verletzungen erfahren und Ängste erlebt, die Sie anderen nicht mitteilen konnten und für sich behalten haben. Jetzt sind Sie erwachsen und nicht länger dieses verletzliche kleine Kind. Sie können sich um sich kümmern. Sie können sich beschützen. Doch das kleine Kind in uns sorgt sich weiter und ist voller Angst.

Das Kind, das Sie einst waren, und die erwachsene Person, die Sie jetzt sind, sind nicht zwei verschiedene Menschen, aber auch nicht ganz und gar dieselben. Das innere Kind ist genauso wirklich wie der Erwachsene. Sie beinflussen einander, so wie auch ein Getreidekorn noch immer im Getreidehalm vorhanden ist. Diese geführte Meditation bietet Ihnen die Möglichkeit, mit Ihrem inneren Kind zu sprechen, es einzuladen, hervorzukommen und das Leben im gegenwärtigen Moment zu begrüßen. Wir können ihm sagen, dass es sich nicht länger sorgen muss. Alles ist jetzt in Ordnung.

Legen Sie für diese Meditation zwei Kissen einander gegenüber. Setzen Sie sich auf das eine Kissen mit Blick auf das andere und visualisieren Sie sich als ein fünfjähriges Kind. Wenn es für Sie hilfreicher ist, können Sie sich auch als noch jüngeres Kind visualisieren. Wenn Sie dann dasitzen und achtsam atmen, sprechen Sie zu dem verletzlichen inneren Kind. Vielleicht sagen Sie so etwas wie: »Mein liebes Kind, ich weiß, du bist da, und du solltest wissen, ich bin für dich da. Wenn du mir etwas sagen möchtest, dann sage es bitte.«

Erlauben Sie sich dann nach einigen Augenblicken, als dieses kleine Kind zu sprechen, drücken Sie alles aus, was Sie nie mit anderen haben teilen können. Vielleicht beklagen Sie sich. Oder Sie drücken aus, hilflos und zerbrechlich zu sein. Benutzen Sie die Sprache, die sich für Sie als dieses Kind richtig anfühlt. Kommen Gefühle wie Angst oder Wut in Ihnen auf, ist das in Ordnung.

Geben Sie sich ein paar Augenblicke Zeit, um achtsam zu atmen und Ihren Körper zu beruhigen. Sprechen Sie zu Ihrem inneren Kind über die Ängste und die Wut. Lassen Sie das Kind wissen, dass Sie ihm zugehört haben und dass Sie sich jetzt als Erwachsener selbst schützen können. Daher ist alles in Ordnung. Sie können Ihr inneres Kind und Ihr Erwachsenenselbst im Hier und Jetzt zusammenbringen. Dann werden Sie Ihr gegenwärtiges Leben vollständiger erfahren und genießen können.

GEFÜHRTE MEDITATION

MIT DEM TOD SITZEN

Wir wissen, dass das Leben vergänglich ist und wir früher oder später sterben müssen. Sitzmeditation ist ein wundervoller Weg, sich der Vergänglichkeit des Körpers bewusster zu werden und dies besser annehmen zu können. Werden wir mit unserer Angst vor dem Sterben vertrauter, können wir sie verwandeln. Im Gewahrsein der Unbeständigkeit und Vergänglichkeit leben wir unser Leben mit größerer Tiefe, mit mehr Fürsorge und Bewusstheit. Wenn wir uns unseren eigenen Tod vorstellen und ihn annehmen können, werden wir imstande sein, viele unserer ehrgeizigen Ziele, unserer Besorgnisse und unserer Schmerzen loszulassen. Wir werden alle Dinge loslassen können, die uns unnötigerweise beschäftigt halten. Wir beginnen auf eine Weise zu leben, die für uns, für andere Wesen und für den Planeten sinnvoll ist.

Unserem Atem folgend können wir sagen:

Alle Erscheinungen sind vergänglich.
Sie sind Geburt und Tod unterworfen.
Sind die Vorstellungen von Geburt und Tod
überwunden,
wird diese Stille große Freude genannt.

Diese Meditation fasst alle Lehren des Buddha zusammen. In den letzten beiden Zeilen ist von einem donnernden Schweigen, einer donnernden Stille die Rede. Es ist das Zur-Ruhe-Kommen oder Stillwerden aller Spekulationen, Philosophien, Begriffe und Vorstellungen.

Diese Kontemplation erinnert uns daran, dass es Geburt und Tod gibt, solange Phänomene in Erscheinung treten. Schauen wir tiefer, erkennen wir, dass es keine Geburt und keinen Tod gibt.

Wir sind wie die Wolken am Himmel und sterben niemals, gehen niemals vom Sein zum Nichtssein über. Eine Wolke kann zu Schnee, Eis oder Regen werden, sie kann aber nie zu Nichts werden. Eine Wolke kann nicht sterben. Wenn wir die Vorstellung von Geburt und Tod überwinden, fürchten wir uns nicht länger vor der Unbeständigkeit.

GEFÜHRTE MEDITATION

SCHREIBEN SIE IHRE EIGENE MEDITATION

Schreiben Sie Ihren eigenen Praxisvers auf, der Ihnen am besten hilft, Ihre wahre Präsenz zum Ausdruck zu bringen und mit Ihren wirklichen Absichten in Berührung zu kommen. Wählen Sie ein Element aus, das Sie mehr in Ihr Leben bringen wollen, und ein Element, das Sie loslassen wollen. Sie können diesen Vers in Verbindung mit Ihrem Atem verwenden, um zu diesem Vorhaben zurückzukehren.

Ich atme ein .... (A)
Ich atme aus ... (B)
A *(einatmen)*
B *(ausatmen)*

Hier sind einige Beispiele:

Ich atme ein und bin mir der Spannungen in meinem Körper bewusst.
Ich atme aus und lasse die Spannungen in meinem Körper los.
Mir der Spannungen bewusst / die Spannungen loslassen.

Ich atme ein und beruhige meine Aufregung.
Ich atme aus und fühle mich entspannt.
Beruhigen / entspannt.

Ich atme ein und werde von der kühlen herbstlichen Luft berührt.
Ich atme aus und lächle der kühlen herbstlichen Luft zu.
Herbstliche Luft / lächeln.

BÜCHER ZUM WEITERLESEN

Thich Nhat Hanh: Achtsam arbeiten, achtsam leben: Der buddhistische Weg zu einem erfüllten Tag, München 2013.

Thich Nhat Hanh: Achtsam sprechen, achtsam zuhören: Die Kunst der bewussten Kommunikation, München 2014.

Thich Nhat Hanh: Achtsamkeit Survival kit: Fünf grundlegende Übungen, München 2015.

Thich Nhat Hanh: Gut sein und was der Einzelne für die Welt tun kann, München 2014.

Thich Nhat Hanh: Nenne mich bei meinen wahren Namen, München 2010.

Thich Nhat Hanh: Mit dem Herzen verstehen, München 2010.

Thich Nhat Hanh: Versöhnung mit dem inneren Kind: Von der heilenden Kraft der Achtsamkeit, München 2011.

PRAXISZENTREN

Die Kunst des achtsamen Lebens in der Tradition von Thich Nhat Hanh wird weltweit in Praxiszentren gelehrt. Informationen dazu finden Sie unter:

Plum Village
13 Martineau
F-33580 Dieulivol
www.plumvillage.org

Workshops und Retreats in deutscher Sprache finden Sie unter:

EIAB
Europäisches Institut für Angewandten Buddhismus
Schaumburgweg 3
51545 Waldbröl
www.eiab.eu

Intersein
Zentrum für Achtsamkeit und Meditation
Unterkashof 50
94545 Hohenau
www.intersein-zentrum.de

Infos unter: www.intersein.de

THICH NHAT HANH

EINFACH ESSEN

Der bekannte Zen-Meister zeigt, wie ein bewusster Umgang mit Nahrungsmitteln die Gesundheit stärkt, der Familie und der Gesellschaft guttut und den Planeten schützt.

Die inspirierenden Anregungen und Kurzmeditationen bringen mehr Bewusstheit, Freude und verantwortliches Handeln in alle Bereiche des Essens: vom Einkaufen über die Zubereitung der Nahrung zum bewussten Essen und Geschirrspülen. Ein kleines Buch mit großer Weisheit – wer achtsam isst, braucht keine Diät.

O.W. BARTH

THICH NHAT HANH

EINFACH LIEBEN

Der bekannte Zen-Meister zeigt, wie es gelingt, mit sich selbst und anderen liebevolle Beziehungen zu schaffen und in Harmonie miteinander zu leben.

Seine kurzen Meditationen helfen, alte Verletzungen zu heilen, sich gut um sich selbst zu kümmern und die Liebe auszudehnen auf alle Menschen und Lebewesen. Ein kleines Buch mit großer Weisheit – für mehr Frieden in sich selbst und in der Welt.

O.W. BARTH

THICH NHAT HANH

ACHTSAMKEIT SURVIVAL-KIT

FÜNF GRUNDLEGENDE ÜBUNGEN

Wie überlebt man im stressigen Alltags-Dschungel, ohne dabei die Orientierung zu verlieren? Wie lernt man, sich trotz der ständigen Hektik und Reizüberflutung zu entspannen?
Der weltbekannte buddhistische Lehrer Thich Nhat Hanh stellt in seinem Survival-Kit fünf Achtsamkeitsübungen vor, mit denen jeder innere Ruhe, Glück und Zufriedenheit finden kann.

O.W. BARTH